Ser felices en el matrimonio

Ser felices en el matrimonio

Escrito por
Kass Perry Dotterweich

Ilustraciones de
R.W. Alley

SAN PABLO

Título original: *Be good to your marriage therapy*
Traducido por *Adoración Pérez*

Distribución: SAN PABLO. División Comercial
Resina, 1. 28021 Madrid * Tel. 798 73 75 - Fax 505 20 50
ISBN: 84-285-1857-2
Depósito legal: M. 13.053-1996
Impreso en Artes Gráficas Gar.Vi. 28970 Humanes (Madrid)
Printed in Spain. Impreso en España

Antes de empezar

Desde que os casasteis, probablemente ambos habéis prestado cuidadosa atención a los aspectos prácticos de vuestra vida en común, tales como la economía, el cuidado de los hijos, las metas profesionales y las responsabilidades del hogar. Es posible dejarse absorber por todas estas cosas olvidando que el amor tiene una vida propia. Con demasiada frecuencia las parejas descuidan su relación hasta dar lugar a que pequeñas tensiones se conviertan en serias crisis.

Ser felices en el matrimonio es un modesto intento de ayudar a las parejas a madurar el amor y prevenir dificultades. Las treinta reglas de este libro están recogidas a partir del sólido consejo de profesionales y de la madura experiencia de varias parejas. La sencillez de los consejos encierra una sabiduría sin edad, que puede capacitar a las parejas, por medio del respeto mutuo, a vivir recíprocamente su fidelidad en la presencia de Dios.

1.

Explorad la vida juntos.
Siempre hay algo nuevo
que descubrir.

2.

Pide lo que necesites,
pregunta lo que quieras;
tu pareja no puede leer
tus pensamientos.

3.

Alaba a tu pareja;
sé sincero.

4.

Alaba a tu pareja en presencia de otros; la alabanza en público es duradera.

5.

Acaricia a tu pareja con suavidad; el contacto dice «te quiero» de una manera muy especial.

6.

Sed románticos; no dejéis nunca de cortejaros mutuamente.

7.

Respeta el derecho de tu pareja a su vida privada; el espacio individual es importante.

8.

No temas el cambio:
puede significar crecimiento
para un matrimonio.

EN
VENTA

9.

Vivid períodos de tiempo
cada uno por su cuenta.
Los intereses personales
generan interés entre vosotros.

10.

Disfrutad entre vosotros
con juegos no competitivos:
¡ganaréis los dos!

11.

Di «te quiero»; es una gozada
oír esas dos sencillas palabras.

12.

Cuida tu aspecto personal;
tu pareja se lo merece.

13.

Discutid razonablemente;
sin amenazas, ni acusaciones,
ni palabras ofensivas.

14.

Sé generoso en pedir disculpas;
el amor requiere que seamos
capaces de decir «lo siento».

15.

No temas arriesgarte:
el amor no madura
en profundidad sin riesgo.

16.

Perdona afectuosamente;
el amor no es orgulloso.

17.

Reúnete con tus amigos.
Ellos también forman parte
de tu matrimonio.

18.

Reíd juntos; la risa es sumamente recomendable para acercar grandes distancias.

19.

Llorad juntos; las lágrimas compartidas unen los corazones.

20.

Compartid vuestros sueños;
la intimidad anticipa el mañana.

NUESTRA NUEVA CASA
COCINA
DORM
DORM
BAÑO
DORM

21.

Sorprendeos mutuamente;
lo inesperado anima el corazón.

TE QUIERO

22.

Permítete ser débil;
el matrimonio
es dependencia mutua.

23.

Permítete ser fuerte;
el matrimonio
es dependencia mutua.

24.

Ten detalles de amabilidad
para con tu pareja;
tu propio corazón corresponderá.

25.

Respeta a la familia
de tu pareja; tú mismo, ahora,
formas parte de ella.

26.

Busca el amor; está ahí incluso cuando no lo «sientes».

27.

Gozad juntos del silencio;
el silencio entre enamorados
es espacio sagrado.

28.

Recuerda el pasado;
tu pasado da forma al presente
y al futuro.

FOTOS
DE
FAMILIA

29.

Orad; alabad a Dios por esa vida que compartís.

30.

Sed pacientes el uno con el otro;
continuamente os estáis casando.

RECIEN
CASADOS

Kass Perry Dotterweich es directora editorial de Triumph Books, de Liguori Publications. Ella y su marido, John D. Perry, son coautores del minilibro *Elogio de la amistad.* Tiene seis hijos y vive en St. Louis, Missouri.

R. W. Alley es ilustrador de Abbey Press Elf-help Books y se dedica también a escribir e ilustrar libros para niños. Vive en Barrington, Rhode Island, con su esposa y sus hijos.

Colección
MINILIBROS AUTOAYUDA

1. Celebrar el cumpleaños
2. Elogio de la amistad
3. Saber perdonar
4. El trabajo bien hecho
5. Ser felices en el matrimonio
6. Elogio de la paz
7. Estar bien consigo mismo
8. La oración de cada día
9. Tiempo de jugar
10. Saber aceptarse
11. Sabiduría del cuerpo
12. Elogio de la vida sencilla